Explorar el civismo

Comportamiento responsable

Vic Parker

Heinemann Library,
Chicago, IL

www.heinemannraintree.com
Visit our website to find out
more information about
Heinemann-Raintree books.

To order:

☎ Phone 888-454-2279

💻 Visit www.heinemannraintree.com
to browse our catalog and order online.

©2011 Heinemann Library
an imprint of Capstone Global Library, LLC
Chicago, Illinois

Edited by Rebecca Rissman and Catherine Veitch
Designed by Ryan Frieson and Betsy Wernert
Picture research by Elizabeth Alexander and
Rebecca Sodergren
Production by Duncan Gilbert
Originated by Heinemann Library
Printed in China by South China Printing Company Ltd
Translation into Spanish by DoubleOPublishing Services

Library of Congress Cataloging-in-Publication Data
Parker, Victoria.
  [Acting responsibly. Spanish]
  Comportamiento responsable / Vic Parker.
    p. cm.—(Explorar el civismo)
  Includes bibliographical references and index.
  ISBN 978-1-4329-4462-9 (hc)—ISBN 978-1-4329-4470-4 (pb)
  1. Responsibility. I. Title.
  BJ1451.P3718 2011
  179'.9—dc22
                                        2010004625

Acknowledgments

We would like to thank the following for permission to reproduce
photographs: Alamy **pp. 7** (© John Eccles), **9** (© Jupiterimages/
Polka Dot), **13** (© Andersen Ross/Blend Images), **22** (© Urban
Zone), **24** (© Blickwinkel/Hecker), **28** (© Design Pics Inc); Corbis
pp. 6 (© Paul Barton), **8** (© Fancy/Veer), **10** (© Judith Haeusler/
Zefa), **14** (© Kevin Dodge), **15** (© Simon Marcus), **17** (© Fancy/
Veer), **18** (© Fancy/Veer), **21** (© Roy Botterell); Getty Images
p. 12 (Kate Powers/Taxi); iStockphoto **pp. 23, 25** (© Mark Stokes);
Photolibrary **pp. 4** (SW Productions/Brand X Pictures), **5** (Frank
Siteman/AGE Fotostock), **16** (Marc Debnam/Digital Vision),
19 (Phoebe Dunn), **26** (Corbis), **27** (Stephen Shepherd/Garden
Picture Library); Shutterstock **p. 29** (© Monkey Business Images).

Cover photograph of a girl with a dog reproduced with permission
of Shutterstock (© Sonya Etchison).

The publishers would like to thank Yael Biederman for her help in
the preparation of this book.

Every effort has been made to contact copyright holders of any
material reproduced in this book. Any omissions will be rectified
in subsequent printings if notice is given to the publisher.

Contenido

Algunas palabras aparecen en negrita, **como éstas**.
Puedes averiguar sus significados en el glosario.

¿Qué es el civismo?

El civismo tiene que ver con formar parte de un grupo, como una familia, una escuela o un país. Un ciudadano tiene **derechos** y **responsabilidades**. Tener derechos significa que los demás te deben tratar de cierta forma.

Trabajar en grupo puede ser muy divertido.

4

Cuando te comportas con consideración, las personas quieren pasar tiempo contigo.

Para ser un buen ciudadano debes pensar en cómo tu comportamiento afecta tu vida y la vida de otras personas. Si te comportas con consideración, cuidado y amabilidad, tu vida y la vida de los demás serán más felices y más fáciles. Esto se conoce como comportamiento responsable.

¿Qué son responsabilidades?

Si tienes mascotas, eres responsable de cuidarlas.

Una **responsabilidad** es un **deber** de hacer algo, como recordar alimentar a tu perro u ordenar tu habitación. Sin embargo, una responsabilidad también puede ser un deber de no hacer algo, como *no* encender la televisión cuando tienes tarea o debes ayudar en casa.

Eres responsable de tu
propia seguridad cuando
paseas en bicicleta.

Ser responsable te hace sentir bien contigo
mismo. También hace que los demás te
respeten y te aprecien. Los adultos te darán
más libertad para hacer cosas por tu cuenta si
eres responsable.

Responsabilidad con nuestros cuerpos

Cepíllate los dientes dos veces al día por dos minutos.

Debes cuidar tu cuerpo para mantenerte sano. Todos los días, tienes la **responsabilidad** de bañarte, peinarte el cabello y cepillarte los dientes. También eres responsable de comer bien y de dormir lo suficiente.

Lavarte las manos es bueno para tu salud y la de otras personas.

Si no te mantienes limpio, gérmenes te podrían enfermar o enfermar a otras personas. Es tu responsabilidad cubrirte la nariz y la boca cuando toses o estornudas. También es importante que te laves las manos después de usar el baño.

Responsabilidades en el hogar

En casa, siempre hay muchas tareas por hacer, como poner la mesa, hacer la cama y limpiar. Ser responsable significa ayudar a hacer estas tareas.

Ayudar en casa puede hacerte sentir bien.

Aquí hay algunas tareas del hogar que puedes encargarte de hacer:

☑ mantener ordenada tu habitación

☑ ayudar a limpiar la casa

☑ ayudar a lavar el carro

☑ ayudar en el jardín

☑ lavar o secar los platos

☑ guardar los platos limpios.

¿Se te ocurre alguna otra?

Piénsalo

¿Cómo te sentirías si fueras la única persona de tu familia que hace todas las tareas del hogar?

Responsabilidades en la escuela

En la escuela, hay muchas formas de mostrar un comportamiento responsable. Puedes escuchar con atención a tu maestra y responder con amabilidad o ayudar a tu maestra y compañeros. También puedes ser amable con todas las personas que encuentres durante el día.

En todas tus clases hay tareas que puedes hacer para ayudar a tu entrenador o maestro.

Si te esfuerzas, las personas estarán dispuestas a ayudarte.

Ser responsable también significa recordar hacer tu tarea lo mejor que puedas. Es buena idea esforzarte para cumplir con todas tus **responsabilidades** escolares, porque esto te ayudará a tener éxito cuando seas mayor.

Responsabilidades en nuestro tiempo libre

Cuando pensamos en los demás, todos nos divertimos más.

Cuando estás en el parque, puedes comportarte con responsabilidad al pensar en las personas que te rodean. Debes esperar tu turno y también estar pendiente de los niños más pequeños que podrían necesitar ayuda. Trata de no empujar ni tropezar con los demás.

Asegúrate de poner siempre la basura en el lugar correcto.

Debes tratar de ser cuidadoso con los **equipos** del parque para que no se rompan. También debes mantener todo limpio y ordenado. De esta manera, otras personas podrán divertirse en el parque, igual que tú.

Ser responsable con las pertenencias

Todos tenemos cosas que apreciamos, como juguetes, libros y dinero en el parque. Puedes comportarte con responsabilidad al cuidar de estas cosas y asegurarte de que no se dañen ni se pierdan.

Si guardas todas tus cosas después de jugar, no perderás ninguna pieza pequeña.

Cuida siempre los libros de la biblioteca que tomas prestados, así otras personas podrán usarlos.

Debes **respetar** las cosas que pertenecen a otras personas como si fueran tuyas. Si te prestan cosas por un tiempo, debes asegurarte de que no se dañen. También debes devolverlas a tiempo.

Prepararse para salir

Es útil planificar con tiempo cuando te preparas para salir.

Es tu **responsabilidad** llegar a la escuela a tiempo todos los días y llevar todo lo que necesitas. Es una buena idea preparar tu mochila la noche anterior. En la mañana, asegúrate de levantarte con tiempo de sobra.

También es importante estar preparado para otras actividades, como una lección de música o un entrenamiento de fútbol. Si llegas tarde u olvidas tu **equipo**, puedes ocasionar problemas a tu maestra, a tu entrenador o a tus compañeros. Llegar tarde u olvidar el equipo no es responsable.

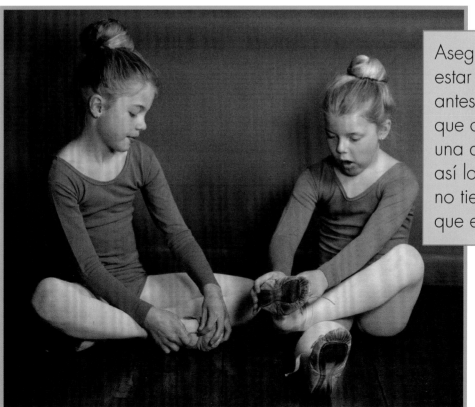

Asegúrate de estar preparado antes de que comience una actividad, así los demás no tienen que esperarte.

19

Comportamiento responsable

Siempre debes tratar de comportarte con responsabilidad cuando estás fuera de casa, para mantenerte a ti y a los demás fuera de peligro. Aquí hay algunas cosas que puedes hacer:

- ☑ Nunca saltes de la acera a la calle.
- ☑ Nunca juegues a la pelota en la acera.
- ☑ Nunca uses auriculares cuando camines por la acera.
- ☑ Siempre cruza la calle por un cruce peatonal seguro y autorizado.
- ☑ Nunca cruces la calle sin detenerte a oír si vienen carros y mirar varias veces a cada lado.
- ☑ Cuando cruces la calle, siempre recuerda que debes fijarte si vienen bicicletas y motocicletas, así como carros, camiones y autobuses.

Siempre que estés en la calle, puedes comportarte con responsabilidad con las personas que te rodean. Si te topas con ancianos, personas en sillas de ruedas o con cochecitos para niños, puedes apartarte para dejarlas pasar en lugar de hacer que te rodeen.

Carga tu patineta hasta que halles un lugar seguro donde patinar.

Asumir la responsabilidad de tu seguridad

A veces ves señales que dicen: *¡No tocar!*, *¡No pasar!* o *¡Propiedad privada!* Es importante que **respetes** estas señales y hagas lo que dicen, porque suelen ser **instrucciones** importantes para mantenernos fuera de peligro.

Lee siempre las señales de seguridad cuando estés en un lugar que no conoces.

Te comportas con responsabilidad cuando no tocas las cosas de la siguiente lista. Estas cosas son difíciles de usar sin la ayuda de un adulto y podrían hacerte daño.

☑ cuchillos
☑ tomas eléctricas
☑ productos de limpieza
☑ medicamentos y píldoras
☑ herramientas y cajas
   de herramientas

¿Se te ocurre alguna otra cosa?

Muchos productos de limpieza podrían hacerte daño.

Comportamiento responsable en el campo

Puedes mirar los animales del campo, pero no los toques.

El campo es un lugar hermoso, pero no lo sería si todos pisotearan los terrenos cultivados y recogieran todas las flores. Puedes comportarte con responsabilidad en el campo al caminar por los senderos siempre que puedas y al no molestar a los seres vivos.

Deja la naturaleza tal como la encuentres.

También puedes asumir la **responsabilidad** de cuidar a los animales salvajes. No dejes basura que podría hacerles daño. Por ejemplo, una bolsa de plástico se podría enganchar sobre la cabeza de un animal o de un ave e impedirle respirar. Siempre cierra los portones al salir, así los animales de granja no pueden salir de sus terrenos.

Asumir la responsabilidad del medio ambiente

Todos debemos comportarnos con responsabilidad para cuidar el **medio ambiente**. Una cosa muy importante que puedes hacer es **reciclar** la basura en lugar de tirarla. Así habrá menos desechos que enterrar en los grandes **vertederos**, que ocupan mucho terreno.

Recuerda reciclar el papel, el vidrio, el metal, el plástico y la ropa.

RECYCLE

Ahorrar agua es un comportamiento responsable.

Puedes recoger agua de lluvia en un **barril colector de lluvia** para regar las plantas. Puedes apagar los televisores, los reproductores de DVD, las computadoras y las bombillas para ahorrar electricidad. Hay muchas otras maneras de tener un comportamiento responsable con el medio ambiente.

La importancia del comportamiento responsable

Es importante que te comportes con responsabilidad, así las personas podrán **confiar** en ti. Si las personas confían en ti, te darán más libertad para hacer cosas solo. Esto hará que te sientas bien contigo mismo.

El comportamiento responsable te acercará a otras personas.

Lista de control del comportamiento responsable

- ☑ Piensa en cómo tus acciones afectarán a los demás.
- ☑ Recuerda cuando debes o no debes hacer algo.
- ☑ **Respeta** a las demás personas y sus pertenencias.
- ☑ Cuida nuestro **medio ambiente**.
- ☑ Sigue las reglas, como las normas de seguridad.

Si tienes un comportamiento responsable, te irá bien y te mantendrás fuera de peligro y feliz. Tu vida será más agradable y también la de los demás.

Los buenos amigos se respetan unos a otros.

Glosario

barril colector de lluvia depósito grande para recoger lluvia, que luego puede usarse para regar las plantas

confiar creer que alguien hará lo correcto

deber algo que tienes que hacer porque es tu tarea o porque sientes que hacerlo es lo correcto

derecho regla básica de buen comportamiento que los demás deben mostrar hacia ti, como ser justos, considerados y no ponerte en peligro. Todos los demás también tienen estos derechos.

equipo elementos y ropa que necesitas para realizar una cierta actividad o tarea

instrucciones información y consejos sobre cómo hacer algo o cómo usar algo

medio ambiente tierra, agua y aire donde viven las personas, los animales y las plantas

reciclar conservar algo para que pueda usarse de nuevo

respetar tratar a alguien o algo con amabilidad y gentileza

responsabilidad algo de lo que debes encargarte

vertedero lugar donde se entierra la basura

Aprende más

Libros

Mayer, Cassie. *Ser responsable*. Chicago: Heinemann Library, 2008.

Mayer, Cassie. *Ser servicial*. Chicago: Heinemann Library, 2008.

Loewen, Nancy. *We Live Here Too: Kids Talk About Good Citizenship*. Mankato, Minn.: Picture Window, 2005.

Small, Mary. *Ser buenos ciudadanos: Un libro sobre el civismo*. Mankato, Minn.: Picture Window, 2007.

Small, Mary. *Ser responsables: Un libro sobre la responsabilidad*. Mankato, Minn.: Picture Window, 2007.

Sitio web

www.hud.gov/kids

Este sitio web del gobierno enseña a los niños el significado de ser buenos ciudadanos.

Índice